SAINT-PAUL et Georges ROSE, Fils

Pour avoir la Fille !..

VAUDEVILLE EN UN ACTE

Joué pour la première fois à Paris au Concert des Arts (Concert d'Arras) et au Concert Brunin, le 29 décembre 1900.

4 H.   3 F.

PARIS

C. JOUBERT, Éditeur, 25, rue d'Hauteville.

Anciennes Maisons BRANDUS & JOUBERT réunies

C. JOUBERT, Successeur

ÉDITEUR DE MUSIQUE

PARIS. — 25, Rue d'Hauteville, 25. — PARIS

RÉPERTOIRE
DES OUVRAGES DE CONCERT EN UN ACTE

ABRÉVIATIONS : **D.** Veut dire du répertoire de la Société Dramatique, 3, rue Hippolyte Lebas. — Le surplus appartient au répertoire de la Société Lyrique, 10, rue Chaptal.

LOC. Veut dire : La musique n'est qu'en location et ne se vend pas.

Opérettes et Vaudevilles de Concert

AUTEURS	TITRES DES ŒUVRES	Hommes	Femm	Prix nets
Saint-Maurice	Abricot (L') d	troupe	»	loc.
D. Campisiano	Absalon	2	1	6 »
Vallès-Garnier	Affaire Courdeveau (L')	5	1	loc.
F. Bernicat	Agence Rabourdin (L')	1	1	5 »
Japy	A huitaine	troupe	»	5 »
C. Roland	Aiguilleur (L') d	1	1	loc.
Bessière-Ruffier	Ami Vandière (L) d	7	6	loc.
G. Street	Amour en livrée (L')	3	1	5 »
Desormes	Amour et l'appétit (L')	1	1	4 »
Vallès-Garnier	Amour et sauvetage	3	2	loc.
A. Petit	Amoureux d'Yvonne (Les) d	5	3	loc.
V. Roger	Amour Quinze-Vingt (L')	3	1	4 »
Bettin, Boulay-Layrice	Amours d'un piston (Les)	3	2	loc.
Desormes	Antoine et Cléopâtre d	2	1	4 »
Bessier-Moreau	Aphrodites (Les) d	4	8	loc.
Dorfeuil-Moreau	Après la vie de Bohême d	troupe	»	loc.
J. Emmecé	A qui le gosse ?	troupe	»	loc.
Monnery-Marien	Argot tel qu'on le parle (L')	5	3	loc.
M. Chautagne	Arracheuse de dents (L')	2	1	loc.
Lourd, Baydel, Monjardin	Artistes pour rire d	6	4	loc.
Géraldy	Ascension du Mont-Blanc (L')	1	1	4 »
L. Martin-Duhem	Auberge du Tambour battant (L')	2	2	loc.
Oudot-de Gorsse	Au Chat qui pelote d	troupe	»	loc.
Banès	Au Coq huppé	3	2	5 »
Uzès	Au soleil d'or d	3	2	6 »
Lebreton-Moreau	Au temps des cerises d	5	3	loc.
Guérineau	Auteur par amour	1	2	5 »
Lebreton-Moreau	Autour d'une guérite d	3	2	loc.
Henry Moreau	Avant le bal	3	1	4 »
Lesage, Garofalo, Cambriel	Baba Bonzouck d	5	6	loc.
Deransart	Baigneur et nageuse	1	1	3 »
Antignac, Donrel-Roydel	Baigneuses de Cocotteville (Les)	5	9	loc.
Leserre	Barbe-Bleue	1	»	2 »
Ratote-Tranchant	Bataillon Desroches (Le) d	10	10	loc.
Antignac-Desplan	Battage (Le)	2	1	loc.
A. Moyne	Béguin d	2	1	loc.
Moreau-Touzé	Belle-mère, nouveau jeu	1	3	loc.
Wacha	Bibi ou l'Enfant de l'Amour	1	1	4 »
Moreau-Gramet	Bougnol et Bougnol	4	2	loc.
Villebichot	Boum ! Servez chaud	3	2	4 »
Hubans	Brelan de bègues	2	1	5 »
F. Bernicat	Cadets de Gascogne	troupe	»	7 »
Banès	Cadiguette (La)	1	1	5 »
Javelot	Calino amoureux	2	1	5 »
Chevalet-Audray	Canne d'un grand homme (La) d	2	2	loc.
Lebreton-Moreau	Ça porte bonheur	5	3	loc.
V. Herpin	Capricorne (Le)	troupe	»	loc.
F. Barbier	Carmagnole (La)	3	5	6 »
Lebreton-Moreau	Carnaval conjugal (Le) d	9	9	loc.
Antignac-Desplan	Cascadin et Cie	5	5	loc.
Glaine, Collège Tranchant	Ce pauvre Bobinet	2	1	loc.
Chelu	Chambre à louer	1	2	2 »
Cuvillier	Chambre à part d	4	2	loc.
Henry Moreau	Chambre de bonne d	3	2	loc.
V. Roger	Chanson des Ecus (La)	3	1	loc.
P. Henrion	Chanteuse par amour (La) d	3	1	6 »
E. André	Chaos (Le)	1	1	4 »
Moreau-Boucherat	Chasse royale d	troupe	»	loc.

AUTEURS	TITRES DES ŒUVRES	Hommes	Femm	Prix nets
Lebreton-Moreau	Chasseurs Alpins (Les) d	6	6	loc.
Cretat	Chaste Suzanne (La) d	troupe	»	4 »
Yvel	Chéri des Dames	troupe	»	loc.
Donrel, Roydel, E. René	Chevalier Tric-Trac (Le)	2	8	loc.
Donrel-Roydel	Chez la Co...umière d	troupe	»	loc.
Meynard	Chez le dentiste	9	1	8 »
L. Lhuillier	Chez les Corniquet	1	»	1 »
C. Rosenquest	Chicard et Bébé	1	1	4 »
Bomier	Chien et Chat d	4	1	5 »
Boulay-Layrice	Choc en retour d	2	2	loc.
Moreau-Gramet	Cinq contre un	3	3	loc.
Villebichot	Cirque Ponger's (Le)	troupe	»	6 »
Bessière	Clou (Le) d	2	2	loc.
L. Collin	Coco Bel-Œil	3	1	6 »
A. Petit	Cocotte et chiffonnier	1	1	5 »
Villemer-de-Vertancourt	Colosse de Rhodes (Le)	3	»	4 »
A. Petit	Confections pour dames	2	4	5 »
Lebreton-Moreau	Conscrits bretons (Les) d	7	5	3 »
L. Collin	Conscrit tyrolien (Le)	1	1	3 »
E. Prasseur	Constat d'adultère	6	9	loc.
Lebreton-Moreau	Contrôleur des Wagons-Bars (Le)	5	3	loc.
Lebreton-Moreau	Cote et Cocottes	4	4	3 »
De Rôze et d'Arsay	Culotte du marié (scène) (La)	1	»	1 »
Lebreton-Moreau	Dans cent ans d	troupe	»	loc.
Sourilas	Dégrafée d	3	3	5 »
Marc Sénal-Pierre Laurey	Départ du régiment (Le) d	5	10	loc.
L. Lefèvre	Dernier verre (Le)	2	1	4 »
F. Barbier	Deux amours de chandeliers	1	1	5 »
F. Matz	Deux avares (Les) d	2	1	8 »
Ch. Hubans	Deux coqs vivaient en paix	2	1	6 »
F. Gracia	Deux estafiers (Les)	2	»	2 »
M. Chautagne	Deux muses (Les)	2	»	4 »
F. Parbier	Deux parfaits notaires (Les)	2	»	4 »
Hervé-Lecocq	Deux portières pour un cordon d	3	»	4 »
Moreau-Boucherat	Diable au Moulin (Le)	4	8	loc.
Gramet-Talber	Doigt coupé (Le)	troupe	»	loc.
Léon Laroche	Domestique pour rire (Un)	1	1	4 »
Saint-Maurice	Doubles Vierges (Les) d	troupe	»	loc.
Sourilas	Drapeau jaune (Le) d	4	2	4 »
Bouvet-Sevry	Dupont et Dupont	4	3	loc.
Bettin, Boulay-Layrice	Duriflard	5	2	loc.
J. Domèrc	Ecole buissonnière (L')	3	»	3 »
Yver-Septmons	Eh ! Ohé ! Ladrupette ! d	2	»	loc.
Treble-Croisier	Elle ! d	4	»	loc.
Ed. Lhuillier	Elle débute ce soir	1	1	4 »
Delaruelle	El senor Pifardino	1	1	6 »
Marsay	En colonne d	troupe	»	loc.
Lebreton-Moreau	Enfant des balles (L') d	3	2	loc.
Jallais Hubans	Enlèvement des Sabines (L')	troupe	»	loc.
Guillemaud-de Mattau	Enfants d'Edouard (Les) d	2	3	loc.
Lebreton-Duroc	Enragés d	4	4	loc.
Villebichot	Entre deux jardins	1	1	4 »
Lebreton-Duroc	Entresol d'Eugène d	1	6	loc.
Garnier-Vallès	Erreur de Bridouille (L')	3	2	loc.
Banès	Escargot (L')	2	3	6 »
A. Pajol	Esprits d'Argenteuil (Les)	5	2	loc.
D. Dihau	Eternel roman (L')	1	1	4 »
Garnier-Vallès	Exploits de Malichard Les)		4	loc.

POUR AVOIR LA FILLE!...

SAINT-PAUL et Georges ROSE, Fils

Pour avoir la Fille !..

VAUDEVILLE EN UN ACTE

*Joué pour la première fois à Paris au Concert des Arts (Concert d'Arras) et au Concert Brunin,
le 29 décembre 1900.*

4 H.   3 F.

PARIS

C. JOUBERT, Éditeur, 25, rue d'Hauteville.

Répertoire de la Société Lyrique.

RÉPERTOIRE SAINT-PAUL

AUTEUR

PIÈCES EN UN ACTE

Chez M. JOUBERT, Éditeur, 25, rue d'Hauteville 25, PARIS

Saison 1900-1901

Agence générale SOUCHON, 10, rue Chaptal,

A LA SOCIÉTÉ LYRIQUE

	HOMMES	FEMMES
Revue interdite, *vaudeville scandale*.	4	4
Un Jour d'audace, *vaudeville*	4	2
Fais-ça pour moi, *vaudeville* . . . . . (Avec G. Rose fils).	3	2
Pour avoir la fille, *vaudeville*. —	4	3
Ordonnance malgré lui, *vaudeville* . . . —	3	2
Gontran se marie, *vaudeville-bouffe*.. . . . (Avec Lebreton).	3	2
La Belle-Mère est sans pitié, *vaudeville*. . . —	2	2
Vingt-cinq minutes d'arrêt, *vaudeville* . . . —	2	2
Une Rosserie, *vaudeville*. . . . . . . —	2	2

POUR AVOIR LA FILLE !...

Vaudeville en un Acte

De SAINT-PAUL & GEORGES ROSE Fils

joué pour la première fois à Paris au Concert des Arts (Concert d'Arras), et au Concert Brunnin le 29 décembre 1900.

PERSONNAGES

	Concert des Arts	Concert Brunin
ARTHUR, coiffeur (pomadin)	MM. Saint-Paul	Brunin fils.
PRUNIER, 55 ans.	Carloni.	Darville.
FRANÇOIS, valet de chambre	Stellain.	Ludwig.
MYLORD, professeur d'anglais	Edgard.	Reynol's.
Mᵐᵉ PRUNIER, femme de Prunier (très sucrée)	Mˡˡᵉˢ Karita.	Z. Sivaldi.
ERNESTINE, femme de chambre	Gisele.	Willis.
PAULINE, fille de Prunier	Vassaux.	Renée.

(A Paris de nos jours, chez Prunier.)

INDICATIONS. — Droite et gauche du spectateur — les numéros partant de gauche

---

Un salon bourgeois. — Portes au fond. — A droite 1ʳᵉ et 2ᵉ plan, et à gauche 1ᵉʳ. — A gauche 2ᵉ plan, une armoire ou placard avec fond praticable, à gauche 1 guéridon et 2 chaises. — A droite une chaise entre les 2 plans.

SCÈNE PREMIÈRE

Prunier (1), François (2).

PRUNIER, *rentrant des courses, une jumelle en bandoulière (s'asseyant près du guéridon.)*

Je suis éreinté.. ouf! quelle journée! mon Dieu! quelle journée! Qu'est-ce que ma femme va dire !

FRANÇOIS, *qui est entré avec Prunier.*

Monsieur a beaucoup perdu aux courses ?

PRUNIER

J'ai perdu vingt francs !

FRANÇOIS, *à part.*

Vieux pingre! Il a cinquante mille francs de rentes! (*Haut.*) Oh! c'est un petit malheur... c'est vingt francs de moins pour Nini Patte en-l'air, voilà tout !

PRUNIER, *se levant.*

Tais-toi, malheureux, tais-toi! Si ma femme l'entendait !

FRANÇOIS

Il n'y a pas de danger... d'ailleurs, elle entendrait qu'elle ne comprendrait pas !

PRUNIER

Heureusement ! mais il n'en serait pas de même si elle découvrait mon escalier dérobé !

FRANÇOIS

Ah ! ça par exemple ! c'est un fier toupet que Monsieur a eu de vider cette armoire et d'y faire faire un escalier dérobé pendant que Madame était à la campagne, pour pouvoir descendre à l'étage au-dessous voir Mlle Nini Patte-en-l'air.

PRUNIER, *se débarrassant de sa jumelle qu'il pose sur la table.*

Que veux-tu? mon bon François, c'est une passion et puis elle est si belle, si bonne, si fidèle !

FRANÇOIS, *à part.*

Surtout ! S'il savait que depuis que je suis leur ambassadeur je la connais mieux que lui sa Nini !

Prunier

Puis avec mes précautions... et toi comme confident... je ne crains rien.

François

Monsieur a bien raison.

Prunier

Voyons, je vais faire un bout de toilette pour aller chez Nini.

François

Par le petit escalier ?

Prunier

Naturellement... naturellement... j'ai ma clef. (*Il sort à droite 2e plan.*)

François

Et moi donc ! J'ai ma clef ! aussi !

SCÈNE II

François (3), Ernestine (1), Pauline (2).

Pauline, *entrant du 1er plan gauche, suivie par Ernestine.*

Non ! non ! Ernestine... n'essayez pas de me consoler ! je ne me consolerai jamais. (*Elle s'assied au guéridon*).

François

Allons bon ! Qu'est-ce qu'il y a, Mademoiselle, on vous a fait du chagrin ?

Ernestine, *passant devant Pauline au nᵒ 2.*

Il y a que Monsieur et Madame ont refusé leur consentement au mariage de Mademoiselle avec M. Arthur.

François

Ah ! bah ! je n'en savais rien.

Pauline, *se levant.*

Oh ! mais je n'en épouserai pas d'autre.

Ernestine, *à Pauline.*

Cependant si vos parents ne veulent pas !

Pauline

J'attendrai ma majorité, voilà ! mais je l'épouserai, je l'épouserai... je l'épouserai ! (*Elle sort à gauche, 1er plan, Ernestine l'accompagne en la consolant jusqu'à la porte*).

SCÈNE III

Ernestine (1), François (2).

François

Diable ! elle a l'air décidé ; elle y tient à son Arthur.

Ernestine

Tiens, ça se comprend. Voilà un an que, en qualité de coiffeur, il lui passe la main dans les cheveux.

François

Il faut croire que ça lui a fait de l'effet.

Ernestine

Si on pouvait le lui faire épouser.

François

C'est facile à dire... A la rigueur, je pourrais peut-être entreprendre le papa car je connais sur son compte certaines petites choses...

Ernestine

Vraiment ?

François

Oui, je suis son confident... il a confiance en moi.

Ernestine, *riant.*

Il a bien raison !... (*Avec emphase en passant devant François au nᵒ 2*). Moi, j'ai la confiance de Madame.

François, *gagnant à gauche, riant.*

Elle n'a pas tort... Et vous ne savez rien sur son compte ?

Ernestine

Absolument rien... c'est une femme sans passion et, à part ses lectures, ses romans...

François

Elle lit des romans ?

Ernestine

Tout le temps... Oh ! elle les adore les romans... elle parle toujours avec envie de ceux où il y a des femmes enlevées par de nobles étrangers.

François

Vraiment ?

Ernestine

Je vous assure.

FRANÇOIS, *allant au guéridon.*

Il y a un moyen à essayer.

ERNESTINE

Pour avoir son consentement ?

FRANÇOIS, *prenant de quoi écrire et s'asseyant.*

Oui attendez... (*Ecrivant.*) « Nuage céleste ».

ERNESTINE, *s'asseyant, riant.*

Nuage céleste ! ? Qu'est ce que ça veut dire ?

FRANÇOIS

Rien du tout ! ! ! (*Il rit.*) Mais, c'est romanes-que... laissez-moi continuer.

ERNESTINE

Allez-y... allez-y, je ne dis plus rien !

FRANÇOIS, *écrivant.*

Nuage céleste... les ailes du zéphyr m'ont apporté... m'ont apporté... (*A part.*) Diable qu'est ce que je vais leur faire apporter, aux ailes du zéphir ?

ERNESTINE

Ah bien ! n'importe quoi, ça n'a pas d'impor-tance.

FRANÇOIS

Ah ! (*Ecrivant*) m'ont apporté la parole de l'amour. (*A Ernestine*) Elle est sortie, Madame Prunier ?

ERNESTINE

Hier ? non, mais ce matin elle est allée au Bon Marché.

FRANÇOIS

En voiture ?

ERNESTINE

Non, en omnibus.

FRANÇOIS

Bon (*Relisant*) apporté la parole de l'amour (*Ecrivant*) en vous apercevant ce matin sur la plate-forme de l'omnibus ! (*Haut.*) Et je signe.

ERNESTINE

Il faut un nom ronflant de noble étranger.

FRANÇOIS

Alors je signe : Mylord. (*Il ferme l'enveloppe, se lève et passe au n° 2 en la cachetant.*)

ERNESTINE (1)

Qu'est-ce que vous allez faire de cette lettre ?

FRANÇOIS (2)

Vous allez la placer dans le livre qu'elle lit en ce moment.

ERNESTINE, *se levant.*

Et puis ?

FRANÇOIS

C'est tout... comme vous êtes sa confidente, nous verrons l'effet produit.

ERNESTINE

En voilà un truc, par exemple !

SCÈNE IV

LES MÊMES, Madame Prunier (3).

Mme PRUNIER, *une lettre à la main, entrant du 1er plan droite.*

Où est ma fille ?

ERNESTINE

Dans sa chambre, Madame.

Mme PRUNIER

Bien dites, lui de venir.

ERNESTINE

Oui, madame ! (*Elle sort à gauche, 1er plan*)

SCÈNE V

Mme Prunier (2), François (1) *puis* Pauline.

Mme PRUNIER

Monsieur Prunier est rentré ?

FRANÇOIS

Oui, Madame.

Mme PRUNIER

Vous lui donnerez cette lettre... c'est de notre ami M. des Ecailles, qui lui annonce qu'il lui envoie un professeur d'anglais pour Pauline. Vous préparerez la chambre verte.

FRANÇOIS, *il va près la porte, 2e plan droite, se retourne et écoute ce qui suit.*

Bien, Madame.

Pauline (1), *entrant du 1er plan gauche.*

Tu m'as fait demander, maman ?

Mme Prunier (2).

Oui, mon enfant... Monsieur des Ecailles nous recommande un professeur d'anglais.

Pauline

Je veux me marier.

Mme Prunier

Il ne s'agit pas de cela pour l'instant, tu vas apprendre l'anglais... c'est la volonté de ton père et tu dois suivre sa volonté. Quand tu seras mariée, tu suivras celle de ton mari. S'il veut te supprimer..... l'anglais, ce sera son affaire.

Pauline

Je ne veux pas d'anglais. Je veux me marier avec M. Arthur.

François (3), *à part.*

Elle y tient décidément.

Mme Prunier

Monsieur Arthur ? Ton père l'a mis à la porte ce matin... et qu'il ne reparaisse pas ici, sans cela...

Pauline, *s'en allant en pleurant.*

Mon Dieu ! que je suis malheureuse ! (*Elle sort à gauche, 1er plan*).

SCÈNE VI

Mme Prunier, François.

Mlle Prunier, *s'asseyant au guéridon.*

C'est encore de la faute de Monsieur Prunier ce qui arrive là... Pourquoi avoir donné un coiffeur à cette enfant ?... Ernestine pouvait très bien la coiffer et aujourd'hui ma fille ne serait pas coiffée de ce coiffeur qui la coiffait... est-ce que le coiffeur vient me coiffer, moi !

François, *à part.*

Je te crois, ce sont ses cheveux que l'on porte chez le coiffeur. (*Il sort à droite, 2e plan*).

Mme Prunier, *seule.*

Voyons, en attendant le dîner, si je continuais mon roman. (*Elle sonne*) Il est si intéressant ce livre.

SCÈNE VII

Mme Prunier, Ernestine.

Ernestine (1), *entrant de gauche.*

Madame m'a sonnée ?

Mme Prunier (2).

Oui, donnez-moi donc le livre qui est dans ma chambre... sur la table... près de la fenêtre.

Ernestine, *elle gagne la droite.*

Oui, Madame (*A part*) Bon, voilà le moment de placer la lettre de Mylord dans les nuages célestes. (*Elle sort à droite, 1er plan*).

Mme Prunier, *assise.*

Ce livre que je lis en ce moment me rend rêveuse. C'est une histoire d'amour du temps de la chevalerie ! Dieu ! qu'ils étaient aimables, dans ce temps-là, les hommes ! Ah ! ce n'était pas comme aujourd'hui, par exemple ! Quels roturiers !

Ernestine, *entrant de droite, 1er plan.*

Voilà votre livre, Madame...

Mme Prunier

Bien, merci...

Ernestine

Madame n'a plus besoin de moi ?

Mme Prunier

Non, ma fille.

Ernestine

Bien, Madame .. (*Elle sort fond*).

SCÈNE VIII

Mme Prunier, M. Prunier.

Prunier, *entrant de droite, 2e plan.*

Là, je vais aller chez Nini (*Appercevant sa femme*). Oh ! ma femme ! .

Mme Prunier (1)

Mon Dieu, où allez vous donc ainsi pommadé et frisé ?

Prunier, *embarrassé* (2)

Je, je suis pommadé... moi ?

Mme Prunier

Dam' vous le savez bien... ce n'est pas pour recevoir le professeur d'anglais... je suppose ?

Prunier

Si, si, justement... parce que... je me suis dit les Anglais... sont des... des étrangers... qui ne sont pas d'ici... alors quand ils viennent en France, ils se font très chics, surtout pour aller à l'opéra.

Mme Prunier, *se levant.*

Qu'est-ce que vous me racontez-là ?

Prunier, *à part.*

Je barbotte... je barbotte.

Mme Prunier

Enfin, où allez-vous ?... Vous sortez ?

Prunier

Non... non. .je ne sors pas... au contraire. Tu le vois bien ?

Mme Prunier, *regardant le guéridon.*

En ce cas, laissez-moi lire tranquillement.

Prunier

Oui, ma bonne amie... je te laisse... je te laisse... (*A part*) C'est cela ! je reviendrai quand elle sera partie (*Il sort à droite, 2° plan*).

SCÈNE IX

Mme Prunier, *seule.*

Voyons que je retrouve ma page... (*Trouvant la lettre mise par Ernestine.*) Tiens qu'est-ce que c'est que cela ? Une lettre ? Qui a mis cela dans ce livre ?... Voyons cela (*Lisant*) nuage céleste ! (*Haut.*) Oh ! la jolie expression... quel beau langage... nuage céleste ! Comme c'est beau. (*Lisant*) Les ailes du zéphir m'ont apporté la parole de l'amour ! (*Haut.*) Oh ! quelle jolie phrase (*Répétant*) les ailes du zéphir m'ont apporté la parole de l'amour... comme cela sent son chevalier... de qui donc est cette lettre ? (*Lisant.*) Mylord ? un mylord ! A qui cette lettre est-elle adressée ?... (*Regardant l'enveloppe.*) A Madame Prunier ! A moi ? à moi Voyons (*Lisant*) m'ont apporté la parole de l'amour en vous apercevant ce matin sur la plate-forme de l'omnibus !.. (*Haut, se levant.*) Mon Dieu, ce matin !... Sur la plate-forme... c'était moi... mais comment cette lettre est-elle ? (*Sonnant.*) Je vais voir Ernestine... quelqu'un a dû venir ici... il est impossible autrement que cette lettre se trouve dans ce livre !

SCÈNE X

Mme Prunier, Ernestine.

Ernestine (2), *entrant du fond.*

Madame me sonne ?

Mme Prunier, (1)

Oui. Dites-moi, Ernestine, vous êtes une brave fille et je sais que je puis compter sur votre discrétion ?

Ernestine, *à part.*

Aïe ! Il s'agit de la lettre céleste ! (*Haut*) Oh ! Madame sait bien que je lui suis toute dévouée.

Mme Prunier

Je vais mettre votre dévouement à l'épreuve ! Il s'agit d'une chose grave !

Ernestine, *à part.*

Oh ! ça y est ! Ça a fait de l'effet. (*Haut.*) Madame peut être tranquille.

Mme Prunier

Quelqu'un est venu ici ?

Ernestine

Quelqu'un ? Oh ! non ! Madame.

Mme Prunier

Vous êtes sûre !

Ernestine

Absolument sûre !

Mme Prunier

C'est bizarre ?

Ernestine

Pourquoi donc cela, Madame ?

Mme Prunier

J'ai trouvé cette lettre dans mon livre. Vous ne l'aviez pas vue ?

Ernestine

Oh ! Madame, je ne me permettrais pas !

Mme Prunier

C'est juste ! mais c'est incroyable ! Cependant !

Ernestine

Ah ! je peux jurer à Madame....

Mme Prunier

C'est inutile, ma fille, j'ai confiance en vous.

Ernestine

Et Madame a bien raison. (*A part.*) Quel toupet !

Mme Prunier, *s'asseyant au guéridon.*

Je sais bien que les chevaliers ont parfois des façons étranges de communiquer avec l'objet de leur flamme ! mais ..

Ernestine

Des chevaliers ?.. Oh ! je peux encore jurer à Madame qu'il n'est pas venu de chevalier ici... quant à ce qu'il y ait ici l'objet d'une flamme... Madame peut être bien tranquille, je fais bien trop attention au feu !

Mme Prunier

Ame naïve... (*se levant*) Je vais dans ma chambre, Ernestine, j'ai besoin d'être seule, un instant. (*Elle va vers la droite, passant devant Ernestine*).

Ernestine

Bien, Madame, j'appellerai Madame pour le dîner.

Mme Prunier

C'est cela. (*Elle sort 1er plan droite*).

Ernestine, *seule, se tordant de rire.*

J'ai fait la bête ! ça a pris ! non, mais, voyezvous cette vieille potiche qui suppose un homme capable de l'appeler nuage céleste !... Oh ! vrai, passez-moi le nuage sur un plat.

SCÈNE XI

Ernestine (1), François (2).

François, *entrant de droite 2e plan.*

Ce vieux fou... il paraît qu'il a failli se faire pincer par sa femme !

Ernestine

Tiens, vous venez de chez Monsieur ?

François

Oui, lui remettre une lettre qui lui annonce un professeur d'anglais pour sa fille ! ce vieux fou, il a toutes les ambitions... il faut maintenant que sa fille apprenne l'anglais ! Si ça fait pas suer.

Ernestine

Ah ! oui ! Ce n'est pas cette langue-là qu'elle voudrait apprendre, la chère petite !

François

Ce ne sont pas les langues mortes, je suppose.

Ernestine

Oh ! non !

François

Eh bien, et la lettre du Mylord ?

Ernestine

Elle l'a.

François

La vieille ?

Ernestine

Puisque je vous le dis.

François

Et quelle impression ?

Ernestine

Elle est partie en me disant qu'elle avait besoin d'être seule instant !

François

A ce point-là ! diable ! Mince de solitude !

Ernestine

Et à présent, que comptez-vous faire ?

François

C'est bien simple, ma petite Ernestine ; il faut compromettre notre vieux tableau de mère Prunier et tâcher d'en avoir une preuve sérieuse, une seule suffira...

Ernestine

Pour avoir la fille.

François

Oh ! pas pour moi .. mais pour Arthur !

Ernestine

Et puis sans compter que ce sera une bonne action pour Mademoiselle Pauline ! vrai, à son âge... être encore dans cet état !

François, *riant.*

Hein, à son âge, vous étiez dans un autre état, vous.

Ernestine, *riant.*

Ah ! pour sûr... et il y avait longtemps encore . mais maintenant je suis sérieuse. Les hommes ? je m'asseois dessus ! n'en faut plus !

François

Je regrette. .

ERNESTINE

A moins que ce ne soit pour le bon motif.

FRANÇOIS

Tiens ! Tiens ! voyez vous celà !.. (*On entend la voix de Pauline qui appelle.*) Ernestine !

FRANÇOIS

Tiens, voilà Mademoiselle Pauline qui vous appelle.

ERNESTINE

Oui, j'y vais (*Criant*) voilà, mademoiselle.... voilà ! (*Elle sort à gauche, 1er plan*)

FRANÇOIS, *seul.*

Comment diable ferais-je bien pour arriver à compromettre cette vieille folle de maman Prunier ? il ne faut qu'une occasion... mais voilà quelle occasion ?... comment vais-je faire ?... (*Tout en remontant*) Comment vais-je faire ? (*Il sort au fond.*)

SCÈNE XII

Prunier, *seul.*

PRUNIER, *entrouvrant la porte de droite 2me plan.*

Personne ! ma femme est partie ? allons y ! (*Il entre.*) Quelle bonne idée j'ai eue de faire cet escalier, tout de même... Voyons, où est la clef ? (*Il se fouille*) Je suis d'autant plus tranquille que cette armoire ne contenait que les livres et vieux papiers de mon ancien commerce... et que j'étais seul à en avoir la clef ! j'ai mis tout cela dans une malle au grenier ! et ma femme n'y a vu que du feu. (*Il ouvre le placard.*) Oh ! Nini .. je vais donc être près de toi dans un instant. (*Il entre dans l'armoire.*) Cette façon de descendre auprès de mes amours a un côté mystérieux qui me plaît énormément... je dois ressembler vaguement à Roméo montant au balcon de Juliette... il ne manque que l'échelle de soie et le balcon, voilà tout; Mais à part cela c'est la même chose ! (*Il ferme l'armoire François entre par le fond.*)

SCÈNE XIII

François, *puis* Arthur.

FRANÇOIS, *il entre et va mettre son oreille à l'armoire.*

Je m'en doutais ! Il descend chez Nini ! (*Il va à la porte du fond et l'ouvre*) Entrez, mon cher Arthur, il n'y a personne à craindre.

ARTHUR, *entrant, il porte un paquet contenant : une perruque d'anglais, des favoris, une perruque de femme, un jupon de femme et un cache poussière homme.*

C'est que je ne voudrais pas me faire pincer après avoir été fichu à la porte ce matin ! Vous comprenez ?

FRANÇOIS

Je vous dis que vous n'avez rien à craindre ; je sais où est monsieur... et il lui faut au moins une heure et demie. Quant à madame, elle est dans sa chambre et, soyez tranquille, elle ne nous dérangera pas ! C'est pour cela que je vous ai appelé par la fenêtre, vous voyant passer... car j'ai des choses très intéressantes à vous conter; oh ! mais très intéressantes...

ARTHUR, *allant s'asseoir au guéridon n° 1, il place son paquet sur le guéridon.*

Au sujet de mademoiselle Pauline ?

FRANÇOIS, *s'asseyant au guéridon 2.*

Naturellement !... mais savez-vous qu'elle en pince rudement pour vous !

ARTHUR

Oh ! elle en pince pour moi !.

FRANÇOIS

Oui, enfin elle vous gobe ..

ARTHUR

Elle en pince ! elle me gobe ! mon ami. C'est mieux que tout cela, elle m'aime. . nous nous adorons.

FRANÇOIS

Oui... vous vous adorez... la pilule ! car enfin toute cette adoration-là se trouve bien contrariée par la seule raison qu'un vieux fourneau de père qui n'entend plus rien à l'amour et une vieille mère qui n'y a jamais rien entendu vous refusent carrément la main de leur fille et vous défendent la porte de leur maison.

ARTHUR

Ah ! mon cher François ! que ne ferais-je pour l'avoir !

FRANÇOIS

La maison ?

ARTHUR

Mais non !

FRANÇOIS

Ah ! oui ! La fille !

ARTHUR

Oui, pourquoi me la refusent-ils ? parce qu'ils lui donnent cent mille francs de dot ? La belle affaire ! Mon fonds de coiffure et perruques en vaut autant... parce que je suis coiffeur ? ils ont bien été épiciers ! un coiffeur vaut un épicier !

FRANÇOIS

Oui, ça le vaut !

ARTHUR

Hein ?

FRANÇOIS

Je dis... ça se vaut... quoi !... Eh bien, mon cher Monsieur...

ARTHUR

Arthur.

FRANÇOIS

Ah ! oui Arthur... ça c'est bien un nom de coiffeur par exemple, eh bien, mon cher monsieur Arthur, ce qu'un père et... une mère n'ont pas voulu faire, moi je le fais : je vous la donne !

ARTHUR

Quoi ?

FRANÇOIS, *se levant et descendant à droite.*

La main de la fille... parbleu.

ARTHUR, *se levant et descendant près de François.*

Vous n'êtes pas généreux de vous fiche de moi.

FRANÇOIS

Je ne me fiche pas de vous... vous ne savez donc pas que les domestiques sont tout puissants dans un ménage, je vous promets la fille... et vous l'aurez...

ARTHUR, *lui prenant la main.*

Ah ! si vous faites cela, ma fortune est à vous !

FRANÇOIS

Vous me prêterez seulement de quoi m'établir.

ARTHUR

Tout ce que tu voudras. De grand cœur *(Il va reprendre son paquet sur le guéridon).*

FRANÇOIS

Voyez-vous, le rêve de ma vie, c'est une boutique de charcutier !

ARTHUR

Eh bien, c'est entendu au revoir. *(Il lui tend la main et laisse tomber des perruques de son paquet).*

FRANÇOIS

Qu'est-ce que c'est que çà ?

ARTHUR

Oh ! rien ! c'est une occasion que je viens de faire, un artiste qui vendait ses perruques et quelques frusques... comme j'en loue beaucoup j'en ai profité, je les ai achetées.

FRANÇOIS

Tiens, tiens, faites donc voir !

ARTHUR, *défaisant le paquet sur le guéridon.*

Si ça peut vous faire plaisir, pour le mardi gras, choisissez ?...

FRANÇOIS, *désignant les favoris.*

Qu'est-ce c'est que cela ?

ARTHUR, *les prenant.*

Des favoris d'anglais.

FRANÇOIS

Comment cela se met-il ?

ARTHUR, *mettant les favoris.*

Comme ceci, ce n'est pas bien malin.

FRANÇOIS

Comme il faut peu de chose pour changer un homme ?

ARTHUR

Attendez, il manque la perruque. *(Mettant une perruque.)*

FRANÇOIS

Ah ! c'est épatant, vous êtes méconnaissable

ARTHUR

N'est-ce pas ? tenez avec ceci. *(Il prend le cache poussière et la jumelle qui est sur la table)* On a tout à fait l'air d'un English.

FRANÇOIS

C'est que c'est vrai ! il n'y a pas à dire.

SCÈNE XIV

LES MÊMES, Mme Prunier (3).

Mme PRUNIER, *entrant du 1er plan droite (3).*

Décidément je n'ai pas la tête à la lecture !

FRANÇOIS (2), *bas à Arthur.*

Oh Madame Prunier.

ARTHUR (1).

Oh ! ce que je voudrais être loin !

Mᵐᵉ PRUNIER

Oh ! un anglais, un mylord ?... non, ce doit être le professeur pour ma fille. *(Haut)* Eh bien, François. qu'est-ce ?

FRANÇOIS, *abruti.*

Une caisse ? Oui, Madame, je vais.

Mᵐᵉ PRUNIER

Qui vous parle de caisse ?... Je vous dis qu'est-ce ? Qui est-ce, si vous préférez ? Est-ce le professeur d'anglais pour ma fille ?

ARTHUR, *à part.*

Oh ! ce que je voudrais être loin !

FRANÇOIS

Justement.. Madame... justement c'est le professeur.

Mᵐᵉ PRUNIER

Très bien.

FRANÇOIS, *bas à Arthur.*

Parlez donc anglais.

ARTHUR, *à François.*

Est-ce que je sais l'Anglais, moi ! il est bon !

FRANÇOIS, *bas.*

Ça ne fait rien, parlez tout de même.

ARTHUR, *haut, s'avançant 2, et après hésitation.*

Good Schampoing.

Mᵐᵉ PRUNIER, *à part (1).*

Il me dit bonjour probablement. *(Saluant)* Monsieur.

FRANÇOIS, *à part.*

Oh ! quelle idée. *(Bas à Arthur.)* Parlez-lui de nuage céleste.

ARTHUR, *bas à François.*

Non ! j'aime mieux m'en aller !

Mᵐᵉ PRUNIER

Je vais vous faire conduire à votre chambre.

FRANÇOIS, *bas à Arthur.*

Allez donc, si vous tenez à avoir la fille.

ARTHUR, *à part.*

Ah ! ce qu'il faut faire, mon Dieu ! *(S'avançant vers Mᵐᵉ Prunier (2), (haut.)* Good schampoing ! nuage céleste !

Mᵐᵉ PRUNIER, *mettant la main sur son cœur.*

C'est lui ! *(Bas à Arthur.)* Chut, Mylord, à tout à l'heure !

ARTHUR, (2) *à part, à François.*

Qu'est-ce qui lui prend ?

FRANÇOIS, (1):

Ça y est, voilà la vieille qui s'emballe. *(Il prend le paquet d'Arthur sur le guéridon et le porte sur la chaise à droite, nᵒ 3.)*

Mᵐᵉ PRUNIER, (2) *à part.*

Mon Dieu ! Qu'elle imprudence de s'être introduit ici comme professeur. *(Haut.)* François, allez prévenir Mademoiselle.

FRANÇOIS, (3).

Bien, Madame... je les laisse seuls. Qu'est-ce qui va se passer ! *(Il sort à gauche, 1ᵉʳ plan.)*

SCÈNE XV

Arthur, Mᵐᵉ Prunier.

ARTHUR, (1) *à part.*

C'est moi qui voudrais bien m'en aller, par exemple.

Mᵐᵉ PRUNIER, (2) *avec inquiétude.*

Quelle imprudence vous avez commise !... J'ai reçu votre lettre.

ARTHUR, *à part.*

Elle a reçu ma lettre ?

Mᵐᵉ PRUNIER

Je suis toute émue .. excusez-moi... à tout-à-l'heure, et que les ailes du zéphir vous parlent toujours d'amour ! *(Elle sort vivement par le fond.)*

ARTHUR, *seul.*

Du diable si j'y comprends quelque chose. *(Riant.)* Les ailes du zéphir ? Qu'est-ce que c'est que cette salade-là par exemple ? Enfin, ce n'est pas tout ça, il me faut sortir d'ici... si jamais j'étais reconnu ! *(Il va à droite pour reprendre son paquet.)*

SCÈNE XVI

Arthur, M. Prunier.

PRUNIER, *ouvrant l'armoire, il entre et apparaît en manches de chemise* (1).

Nini m'a fichu à la porte ! (*apercevant le dos d'Arthur*) Oh ! un étranger chez moi ! bigre, attention (*Il referme la porte violemment derrière lui*).

ARTHUR, *se retournant* (2).

Tiens, d'où sort il celui-là ? *(A part)* Oh ! le père Prunier ! (*Laisse le paquet sur la chaise*).

PRUNIER, *à part.*

C'est le professeur... et je suis dans une tenue (*Haut*) Je vous demande pardon... un instant, le temps de passer un vêtement, je suis à vous. (*Il sort, 2e plan droite*).

ARTHUR, *seul.*

S'il se figure que je vais l'attendre.., Ah ! non ! par exemple. (*Il retire sa perruque et ses favoris qu'il pose sur le guéridon ainsi que le cache poussière.*) J'en ai assez de faire les Anglais... moi ! (*Il va serrer les liens de son paquet qui est à droite, on entend un bruit au fond*). Bon ! quelqu'un !... sauve qui peut ! (*Il sort vivement, 1er plan droite, emportant le paquet*).

SCÈNE XVII

ERNESTINE, *seule, entrant du fond.*

Ah çà ! qu'est-ce que me raconte François ! Que monsieur Arthur est ici déguisé en Anglais avec une perruque blonde et des favoris et que madame Prunier le prend pour le mylord de la lettre aux mages célestes. Ah ! bien réussie cette affaire-là. (*S'asseyant au guéridon, elle pose la main sur la perruque d'Arthur et pousse un cri*) Qu'est-ce que c'est que cette bête à poils ! (*Elle tâte les favoris*) Qu'est-ce que cela ? (*Un temps*) Une perruque blonde ? (*Un temps*) des favoris ? Ce doit être le déguisement de monsieur Arthur... alors il est parti le nigaud ! ça marchait si bien, je vais prévenir François. (*Elle sort au fond emportant les vêtements de l'anglais, la perruque et les favoris*).

SCÈNE XVIII

FRANÇOIS, *entrant du 1er plan, gauche.*

Voilà, j'ai prévenu Mademoiselle. Ce qu'elle est contente ! La voilà comme une petite folle Ah ! ce que ça va la changer d'être mariée... D'abord elle sera Madame et par conséquent elle ne sera plus Demoiselle, je crois que c'est déjà un changement... Et puis elle est toquée de son Arthur. Faut bien le lui donner !... mais au fait où est-il passé Arthur ? (*Riant*) Il doit être dans le bureau avec Monsieur. Eh bien ! il doit s'amuser le pauvre garçon. Je vais l'aider à en sortir (*Il sort 2e plan, droite*).

SCÈNE XIX

Mylord, *puis* Mme Prunier.

MYLORD, *entrant du fond.*

Aoh ! il y a toujours pas quelqu'un, ici ! Aoh ! je trouve le porte ouverte et personne dedans !

Mme PRUNIER, *entrant du fond, une lettre à la main.*

Ce que je n'ose pas lui dire, je l'ai écrit.

MYLORD (2).

Good morning.

Mme PRUNIER, *lui donnant la lettre, avec la peur d'être surprise.*

Tenez, Mylord, vous lirez quand vous serez seul.. ayez pitié d'une faible femme (*Elle sort fond*).

MYLORD, *seul, passant à gauche n° 1.*

Aoh ! qu'est-ce que c'était ça ! je comprenais rien du tout.

SCÈNE XX

Mylord, M. Prunier *puis* François.

PRUNIER, *entrant 2e plan, droite.*

Là, me voilà Mylord... me voilà, je suis à vous.

MYLORD (1)

Goodmorniug sir. (*Prononcez : Gooud mornine seur.*)

PRUNIER

Non, non, ce n'est pas pour ma sœur. c'est pour ma fille...

MYLORD

Aoh ! je savais bien.

FRANÇOIS, *entrant du 2e plan droite, sur la pointe des pieds.*

Ah ! bon voilà Arthur avec le Prunier, ça va très bien. *(Il sort par le fond.)*

PRUNIER

Tenez, voulez-vous venir dans mon bureau, je vous donnerai toutes mes instructions.

MYLORD

Je voulais bien recevoir...

PRUNIER, *indiquant le 2e plan droite.*

Alors par ici, Mylord.

MYLORD

Yes ! mais je comprenais rien du tout. *(Ils sortent 2e plan droite.)*

SCÈNE XXI

Ernestine (1), Pauline (2).

ERNESTINE, *entrant avec Pauline, 1er plan gauche*

Mais, mademoiselle, c'est comme je viens de vous le dire et je n'y comprends rien du tout. Tout à l'heure François est venu me trouver et m'a dit : « M. Arthur est ici déguisé en Anglais » Madame l'a pris pour le professeur et...

PAULINE

Et ?

ERNESTINE

Dam ! c'est que c'est difficile de dire à Mademoiselle.

PAULINE

Dites, Ernestine.., dites.

ERNESTINE

Eh bien ! madame en est amoureuse.

PAULINE

Du professeur ?

ERNESTINE

Oui... c'est à dire de M. Arthur qu'elle prend pour le professeur !

PAULINE

Ah ! qu'est ce que cela fait, puisque c'est Monsieur Arthur.

ERNESTINE

C'est vrai, mademoiselle, ça n'aura pas de conséquences.

PAULINE

Quelles conséquences ?

ERNESTINE

Mais... Mademoiselle.

SCÈNE XXII

LES MÊMES, Prunier.

PRUNIER, *entrant du 2e plan droite, aperçoit sa fille.*

Ah ! te voilà Pauline... on t'a dit que ton professeur était arrivé ?

ERNESTINE (1), *bas à Pauline.*

Vous voyez bien, Mademoiselle.

PAULINE (2).

Oui, Papa !

PRUNIER

Il est là-dans mon bureau ; il prépare ta première leçon... tu vas la prendre tout-à-l'heure.

PAULINE

Oui, papa.

PRUNIER

Ah ! tu es mieux disposée que ce matin ? tu as réfléchi, à la bonne heure !

ERNESTINE, *à part.*

S'il savait que c'est monsieur Arthur.

PRUNIER

Où vas-tu prendre ta première leçon ?

PAULINE

Dans ma chambre, papa.

PRUNIER

Si tu veux.

ERNESTINE, *à part.*

Elle va bien ! dans sa chambre ! je crois qu'il sera temps de la marier après cette 1re leçon-là.

PRUNIER

Eh bien ! c'est entendu... rentre dans la chambre, je vais te l'envoyer.

PAULINE

Oui, papa... vous venez ; Ernestine (*Elle se dirige vers la gauche*).

ERNESTINE

Oui, Mademoiselle !... Mais alors, Arthur avait donc deux perruques. (*Elles sortent, 1er plan gauche.*)

PRUNIER, *seul.*

Là, ce n'est pas tout. . tout-à-l'heure Nini Patteen-l'air a été si pressée de me ficher à la porte que j'ai laissé chez elle ma redingote... il faut que j'aille la chercher... le professeur est en train de préparer sa leçon, j'ai le temps. !*Il ouvre l'armoire et entre ; il disparaît*). Je prends un aller et retour !

SCÈNE XXIII

Mylord, *puis François.*

MYLORD, *il a à la main la lettre remise par Mme Prunier, entrant 2e plan droite.*

Ah ! je attendais et personne y venait, je avais demandé pour aller à mon chambre de moa... car je souis été fatigué... et toujours personne. Aoh ! quelle drôle de maison.

FRANÇOIS (1), *entrant du fond, il aperçoit Mylord de dos.*

Ah ! le voilà seul. (*Il lui frappe sur l'épaule*) Eh bien, mon vieux, comment en êtes-vous sorti ?

MYLORD, *se retournant.*

Good morning, sir.

FRANÇOIS (1), *riant.*

Ah ! non, mon vieux canard, faut pas me la faire à moi. (*Tout en riant il se trouve nez à nez avec Mylord qu'il prend pour Arthur*) Qu'est-ce que c'est qu' ça ?

MYLORD (2).

Aoh ! je étais le professeur ?

FRANÇOIS, *à part.*

Patatras ! il arrive trop tôt celui-là ! mais où diable Arthur s'est-il fourré ?

MYLORD

Je désirais reposer moa dans mon chambre.

FRANÇOIS

Reposez moà ? eh bien reposez vô ! (*Voyant la lettre de Mme Prunier qu'il a dans la main*) C'est pour moi ? ça ?

MYLORD

Aoh, ce était une lettre qu'une femme il avait donné ici à moa et je ignorais le pourquoi.

FRANÇOIS, *à part.*

Ici ? une lettre ? (*Haut*) Voyons. (*Il prend la lettre et lit*) Ce soir, neuf heures, je vous causerai ; mon mari sera à son cercle. (*Dansant de joie*) C'est de la mère Prunier, ça y est, nous la tenons... elle donnera son consentement ou je la menace de donner la lettre à son mari !

MYLORD

Aoh ! vous faites le gigotement. (*Il commence à danser*).

FRANÇOIS

Oui, c'est ma fête. (*Toujours dansant*).

MYLORD

Aoh, tant mieux, je danse avec vô. (*Ils dansent tous les deux et échangent leurs places*).

SCÈNE XXIV

LES MÊMES, Pauline, Ernestine.

ERNESTINE, *entrant du 1er plan, gauche.*

Oh ! (*Se retournant vers la chambre*) Mademoiselle... venez donc vite.

PAULINE, *entrant, à Ernestine.*

Vous voyez bien qu'il avait une autre perruque.

ERNESTINE (2).

Vous n'avez pas fini de danser ?

FRANÇOIS, *rechangeant de place avec Mylord.*

C'est la joie, le contentement, le bonheur. (*Il cesse de danser*).

PAULINE (1), *regardant Mylord.*

Mais ce n'est pas Monsieur Arthur !

FRANÇOIS (3), *très essoufflé.*

Non, ce n'est pas Monsieur Arthur, mais c'est la même chose !

PAULINE

Ah ! mais non par exemple !

ERNESTINE

Ah ça ! François, expliquez-vous.

FRANÇOIS

Voilà, Monsieur, c'est votre vrai professeur, mais sachez que je tiens en main le moyen d'avoir le consentement de Madame Prunier.

PAULINE, *joyeusement.*

Oh ! quelle chance !

ERNESTINE

Oui, mais il y a celui de papa qui est bien plus important et qui sera difficile à obtenir.

PAULINE, *tristement.*

C'est vrai !

FRANÇOIS

C'est vrai, mais enfin, c'est déjà un grand pas de fait ! Ah ! Si je trouvais cet animal d'Arthur ! mais où est-il fourré ?

MYLORD, (4).

Aoh ! je étais fatigué, je voulais bien mon chambre.

FRANÇOIS

Oui, oui. *(A part.)* Ah ! il est embêtant celui là. *(Haut, à Ernestine.)* Entrez donc dans la chambre de Mademoiselle ; je vais conduire cet insulaire dans la sienne.

PAULINE

C'est cela, et venez nous tenir au courant !

FRANÇOIS

Oui, oui, soyez tranquille.

PAULINE

Vous venez, Ernestine ?

ERNESTINE

Oui, Mademoiselle. *(Elles sortent 1er plan gauche.)*

FRANÇOIS

Voulez-vous venir, Mylord ; je vais vous conduire.

MYLORD

Aoh ! Yes ! Je comprenais rien du tout.

FRANÇOIS

Par ici. *(Il indique la porte du fond à Mylord, s'efface et le laisse sortir.)* Mais où diable est-il fourré Arthur. *(Il sort.)*

SCÈNE XXV

Arthur, *seul.*

(Il entre avec précaution du 1er plan droite, descend jusqu'à l'avant scène, il est en femme, costume très comique, chapeau très excentrique.) Quelle situation, vous croyez que c'est une situation cela ? Ah ! quelle journée, mon Dieu ! Quelle journée. Dans ma précipitation à me sauver tout-à-l'heure, j'ai oublié ma perruque, mes favoris... Dans mon paquet je n'ai trouvé que ceci *(Il montre son costume et sa perruque)* pour essayer de sortir sans être reconnu. Voyons, essayons. *(Il se dirige vers la porte du fond)*

SCÈNE XXVI

Arthur, François, *puis* Prunier.

FRANÇOIS, *entrant, apercevant Arthur.*

Qu'est-ce que c'est que ce carnaval ?

ARTHUR

C'est moi ! Arthur... malheureusement.

FRANÇOIS, *le reconnaissant.*

Oh ! M. Arthur. *(Riant.)* Dieu, que vous êtes changé !

ARTHUR

Ah ! ça vous fait rire, pas moi. *(Bruit dans l'armoire.)*

FRANÇOIS

Chut ! . écoutez ?

ARTHUR

Ah ! mon Dieu ! qu'est-ce qu'il va falloir encore que je fasse ?

FRANÇOIS

Non, non, c'est très simple... mettez-vous derrière la porte et restez-y jusqu'à ce que je vous fasse signe. *(Arthur et François se placent derrière la porte du fond.)*

PRUNIER, *sortant de l'armoire.*

Ouf ! ça y est... j'ai ma redingote... c'est le principal, demain, je me raccommoderai avec Nini.

FRANÇOIS, *entrant, et descendant avec aplomb.*

Monsieur a sonné ?

PRUNIER (2).

Moi ? pas du tout... je viens de chez Nini...

FRANÇOIS (1).

Ah ! ah ! par votre fameux escalier.

PRUNIER, *riant.*

Oui, oui... Ah ! Si ma femme savait cela.

ARTHUR, *descendant* (2).

Elle le saura, Monsieur.

PRUNIER (3).

Qu'est-ce que c'est ça ! la mère fouettard !

FRANÇOIS, *bas à Arthur* (1).

Allez-y carrément.., mettez les pieds dans le plat... pour avoir la fille.

ARTHUR, *à Prunier.*

Monsieur, j'ai l'honneur de vous demander la main de mademoiselle Pauline.

PRUNIER, *furieux.*

Hein ? qu'est-ce qu'elle dit ?... elle veut la main de ma fille ? Qu'est-ce que vous voulez faire avec la main de ma fille ?

ARTHUR

Pour la conduire à l'autel.

PRUNIER, *de plus en plus furieux, criant.*

Mais vous êtes folle, Madame ! vous êtes folle !

ARTHUR

Follement épris de Mademoiselle votre fille, Monsieur. *(Enlevant sa perruque.)* Je suis monsieur Arthur de la maison Arthur.

FRANÇOIS

V'lan, ça y est. *(Il remonte au fond).*

PRUNIER, *criant.*

Ah ! mais non ! *(Criant plus fort)* C'est une abomination ! jamais, Monsieur, jamais, vous entendez ! jamais... *(Il lui montre la porte).*

SCÈNE XXVII

LES MÊMES, tout le monde *de la pièce.*

Mᵐᵉ PRUNIER, *entrant du fond.*

Quel est ce vacarne ! mon Dieu !

PAULINE, *entrant du 1ᵉʳ gauche; suivie d'Ernestine, elles restent près de l'armoire.*

C'est papa qui crie comme ça !

PRUNIER

Oui c'est moi... Voilà... ce que c'est.
(1, *Ernestine.* 2, *Pauline (près de l'armoire.* 3, *Mᵐᵉ Prunier.* 4, *Arthur.* 5 *Prunier.* 6, *François).*

FRANÇOIS, *qui est redescendu près de Prunier.*

Songez qu'il connaît votre escalier *(Il remonte)*

PRUNIER, *à part.*

Diable, il me tient ! Heureusement que ma femme ne donnera pas son consentement.

Mᵐᵉ PRUNIER

Eh bien, qu'est-ce que c'est, mon ami !

PRUNIER

C'est monsieur qui revient pour la 2ᵉ fois aujourd'hui demander la main de ta fille.

Mᵐᵉ PRUNIER, *indignée.*

Oh ! par exemple !

FRANÇOIS, *qui est redescendu près de Mᵐᵉ Prunier. à Mᵐᵉ Prunier montrant la lettre.*

Nuage céleste ! *(Il remonte).*

Mᵐᵉ PRUNIER

Ciel ! je suis perdue, si je refuse !

PRUNIER

Eh bien, madame Prunier, que décidez-vous ?

Mᵐᵉ PRUNIER

Mais, mon ami, je ferai comme vous désirez.

PRUNIER, *criant.*

Alors !...

ARTHUR, *bas à Prunier.*

Gare l'escalier !

PRUNIER, *avec un sourire forcé.*

Moi ? mais je donne mon consentement.

ARTHUR

Enfin.

PAULINE, *passant, Arthur la prend dans ses bras.*

Merci, papa.

MYLORD, *entrant.*

Aoh ! je avais préparé mon première leçon.

Mme PRUNIER

C'est moi qui la prendrai !

PRUNIER, *à Arthur.*

Mais pourquoi donc étiez-vous déguisé.

ARTHUR

Grâce à François, pour avoir votre fille !

AIR : *Pour avoir la fille.*

Pour avoir la fille,
Coquette et gentille,
Lorsque les parents
N'veulent pas donner leurs consent'ments,
Venez à l'office,
Et sans artifice
On vous enseignera
Le moyen qui réussira.

RIDEAU

AUTEURS	TITRES DES ŒUVRES	Hommes	Femmes	Prix nets
F. Beauvallet.	Faites le jeu, Messieurs d.	5	1	loc.
Moreau-Gramet	Famille Nitouche (La).	3	4	loc.
Lebreton-Moreau	Farces du Printemps (Les) d.	6	4	loc.
St-Agnan Choler	Faut du prestige (vaud.) d.	3	2	loc.
Lebreton-Duroc	Faut qu'j'casse la g. a Baptiste d	5	3	loc.
Flers.	Femina d.	troupe	»	loc.
Ch. Gabet.	Femme de Valentino (La) d.	2	2	loc.
F. Chaudoir.	Fête à Claudine (La).	1	1	4 »
E. Duhem.	Fête à M. le Maire (La).	5	2	4 »
Dorfeuil-Bouvet	Fiancé des Nourrices (Le) d	4	5	loc.
Javelot.	Fiancés berrichons (Les).	1	1	3 »
Soulié.	Fiancés du bonnet de coton (Les)	1	1	5 »
L. Wasseur.	Fichue idée d.	2	1	5 »
Br. Gliano-Talber	Fichue situation d.	4	4	loc.
Louville.	Fièvre phylloxérique (La).	3	2	4 »
Bertric.	Fille du charpentier (La).	3	1	5 »
Lebreton-Moreau	Fille du marin (La) d.	8	7	loc.
Maurel, Floydel, E. Hervé	Filles de Corneville (Les).	4	7	loc.
Lebreton-Soudant	Filles de la Cantinière (Les) d	7	4	loc.
Lebreton-Moreau.	Fils à Papa (Le) d.	4	7	loc.
Chaulieu et Bataille	Fils de M. Alphonse (Le) (vaud.) d.	5	2	loc.
Duroc-Maillait.	Five O'Clock de la Baronne.	7	2	loc.
Villebichot.	Fleuriste et typographe.	1	1	5 »
Lebreton-Talber	Foire aux nichons (La) d.	7	7	loc.
Pradels-Quinel.	Fosse aux ours (La).	4	4	loc.
Lemonnier.	Françoise les bas bleus d.	troupe	»	loc.
Moreau-Soudant	Francs-tireurs de la mort (Les)	troupe		loc.
Lebreton-Beissier	Frangine (La) d.	7	6	loc.
Lévy-Merset.	Fantrognon d.	8	11	loc.
Lebreton-Moreau	Frère de lait (Le).	1	2	4 »
Carin-Tomy.	Friper's and Co d.	5	9	loc.
Lebreton-Moreau.	Friquet d.	9	7	loc.
Cientat.	Furet (Le).	»	1	4 »
Moreau-Touzé.	Gai gai mariez-vous!	4	3	loc.
Moreau-Darsay.	Gaîtés du bastion (Les).	1	1	loc.
Seraine.	Garde champêtre de Corneville (Le)	1	»	1 »
Froyez-Colias.	Grand Duc Moleskine (Le) d.	6	6	loc.
Lefort.	Grand papa de la chanson (Le) d	1	1	3 »
Lebreton-Blairat.	Grenouille (La) d.	4	2	loc.
Hervo-Merki.	Grève des Boulangers (La).	5	»	1
Moreau-Marcus.	Grève des facteurs (La).	2	2	loc.
M.-Brisac.	Guerre aux hommes (La) d.	6	7	loc.
Lebreton-Nicolaie.	Gueule d'Or d.	6	6	loc.
Lebreton-Moreau	Héritière des Carapattes (L') d	8	8	loc.
Villebichot.	Hirondelles de la rue (Les).	»	2	3 »
Lebreton-Blairat	Homme pâle (L') d.	2	1	loc.
Lebreton-Duroc	Hôtel d'Artistes d.	troupe	»	loc.
Lebreton-Duroc	Hôtel de Noblepanne d.	4	4	loc.
Darantière et Bouvet	Hôtel du lac bleu (L') d.	7	6	loc.
Bouvet-Boyce-Jost.	Hôtel modèle d.	7	7	loc.
Autigeon-Dourel.	Hypnotiseur malgré lui (L') d	3	2	loc.
Moniot.	Jacotte.	1	1	5 »
Liger-Aubrun	J'ai perdu Virginie.	3	1	loc.
Nargeot.	Jeanne, Jeannette et Jeanneton d	2	3	8 »
Michiels.	Jefque et Trinne.	1	1	4 »
Lebreton-Soudant.	J'épouse ma bonne d.	5	4	loc.
A. Perronnet.	Je reviens de Compiègne.	1	1	4 »
Yvel.	Jeune homme du Tunnel (Le) d	3	3	loc.
Bernicat	Jeunesse de Béranger (La).	3	1	6 »
Lebreton-Moreau.	Jocrisses du mariage (Les) d.	troupe	»	loc.
B. Lebreton.	Joies du divorce (Les)	troupe	»	loc.
L. Collin.	Journée aux soufflets (La).	1	1	4 »
François-Derys	Jules d.	1	1	loc.
Herpin.	Ki-Ki-Ri-Ki d.	troupe	»	loc.
Soudant.	Lâchée.	5	1	loc.
Desormes.	Leçon de musique (La).	1	1	4 »
J. Clérice.	Léda d.	troupe	»	loc.
A. de Lorde.	Lettre (La) d.	1	2	loc.
Caraneuve.	Loi du pal (La) d.	troupe	»	loc.
Herpin.	Lune de Miel (La) d.	troupe	»	loc.
L. Périaud et Villemer	Lune de Miel normande.	1	1	1 »
Moreau-Gramet.	Ma Colonelle.	2	2	loc.
Clairville fils.	Madame la baronne d.	1	1	4 »
Wachs.	Madame le docteur.	2	1	4 »
V. Roger.	Mademoiselle Louloute.	2	2	5 »
Bessière-Marinier.	Maire et Martyr d.	3	2	loc.
Talexy.	Maître Grelot.	4	1	7 »
Bouvet.	Major Purjotin (Le).	4	3	loc.
Moyne-Jacoutot.	Mamzelle Clandinette d.	3	2	loc.
T'ar Nemo-Celval.	Namzelle Culot.	troupe	»	loc.
De Lajarte.	Mam'zelle Pénélope d.	3	1	7 »
François.	Mandat (Le) d.	7	3	loc.
Jouhaud.	Mariages riches.	1	1	3 »
Moniot.	Marianne et Jeannot d.	1	1	8 »
Tollet-Frot.	Marié sans l'être.	4	»	3 »
Moreau-Duroc.	Maris jaloux (Les).	5	2	loc.
Simiot.	Mariés de Nanterre (Les).	1	2	4 »
Beissier-Sciama	Mars et Vénus.	3	2	loc.
Moreau-Boucherat	Médjidié (Le).	3	1	loc.
Gresset-Bernard	Méfiez-vous d'Oscar d.	3	2	loc.
E. André	Melon (Le) (monologues-saynète)	1	»	2 »
Moreau-Darsay.	Ménage Poire (Le).	2	2	loc.
Desormes.	Menu de Georgette (Le).	3	2	8 »
Ch. Gabet.	Mérite des femmes (Le) d.	4	4	loc.
Soudant-Moreau	Mimi Vadrouille.	troupe	»	loc.
Lebreton-Moreau.	Miss Kissmy d.	5	5	loc.
Beissier.	Miss Million d.	troupe	»	loc.
Bessier-Moreau.	Môme aux Camélias (La) d.	troupe	»	loc.
Bessière-Rutfier	Môme aux grands yeux (La) d	6	6	loc.
Chassaigne.	Monsieur Auguste d.	1	1	3 »
Garnier-Vallès	Monsieur ma belle mère.	2	3	loc.
Lebreton-Moreau.	Monsieur Sans Gêne d.	troupe	»	loc.
Blairat-Neuzillel	Mouche (La) d.	5	7	loc.
Moreau-Touzé	Mouche du Coche (La).	4	2	loc.
Joly.	Myope et presbyte d.	1	1	4 »
Desormes.	Nègre de la Porte St-Denis (Le)	3	3	3 »
Dorfenil-Moreau.	Nez de Cyrano (Le) d.	troupe	»	loc.
E. Lhuillier.	Nez enchanté (Le).	1	1	3 »
Lebreton-Blairat	Ninie la Rouquine d.	5	3	loc.
Herpin.	Noce à Grospoulot (La).	5	7	loc.
F. Barbier.	Noce à Suzon (La).	1	1	4 »
L. Collin.	Noces d'or (Les).	2	1	5 »
Bouvet-Darantière.	Nos bons touristes d.	5	4	loc.
Moreau-Gramet.	Nos petites Chattes.	3	3	loc.
Dorfeuil-Guillemaud-Duharnois.	Nos pioupious d.	6	4	loc.
Lebreton-Moreau.	Nos voisins d.	6	6	loc.
V. Roger.	Nourrice de Montfermeil (La)	2	3	6 »
Ch. Gabet.	Nouvel Achille (Le) (vaud.) d	5	1	loc.
Touzé Prud'homme	Nuit de Noces de Beauflanchet	6	4	loc.
Jacobi.	Nuit du 15 octobre (La) d.	3	1	6 »
A. de Lorde.	Old Nubian's Black	1	2	loc.
Dédé fils.	Oncle et Neveu.	3	»	3 »
Louis Bouvet.	Oncle Maboulin (L').	4	4	loc.
Marc-Sonal-Gréton	On demande des jolies femmes	6	11	loc.
Bessière-Rutfier	Ordonnance Bezuchet (L').	2	2	loc.
Berthelot-Roland	Othello chez Thaïs d.	4	10	loc.
Pacra Emmecé.	Où est le père.	8	4	loc.
Dufils.	Paille et la Poutre (La).	»	2	6 »
Billemont.	Pantalon de Casimir (Le).	1	1	6 »
A. Petit.	Par autorité de Justice d.	7	9	loc.
Dorfeuil-Moreau	Paris aux Courses d.	troupe	»	loc.
F. Barbier.	Par la fenêtre.	1	1	4 »
Lambert-Lebreton	Par la Gymnastique d.	2	2	loc.
Henry Moreau.	Partie de Campagne d.	troupe	»	loc.
Ed. Lhuillier.	Pasquinette.	1	1	3 »
Bénédite-Jancourt.	Le pays Viergé d.	8	4	loc.
Moreau-Darsay.	Pension Carabin (La).	5	4	loc.
Albert Lambert.	Père Suroit (Le) d	3	1	loc.
Offenbach-Roques	Péri-Colle (Parodie de Périchole).	2	1	2 50
Perrault-Maty	Perruche de ma femme (La) d	4	3	loc.
Tréblat-St-Cyr	Personne (drame en 5 minutes)	2	1	1 »
L. Collin.	Petit Spahi (Le).	3	3	5 »
Lebreton-Moreau.	Petite baronne (La) d.	6	9	loc.
Linas.	P'tite bête vit encore (La) d.	1	1	4 »
Lebreton-Moreau.	Petite colonelle (La) d.	7	3	loc.
id.	Petites Menichons (Les) d.	troupe	»	loc.
A. Petit.	Petits lapins (Les) d.	4	9	loc.
Maurey et Jimbu	Petits Trottins (Les) d	5	6	loc.
Lebreton-Moreau.	Petits Zouzous (Les).	troupe	»	loc.
J. Clérice.	Phrynette d.	5	9	loc.
André.	Picotin (Le).	1	2	loc.
Lebreton-Beissier	Piston de Clémentine (Le).	3	2	loc.
H. Alavoine.	Plumechat et Cie d.	4	6	loc.
F. Barbier.	Points jaunes (Les).	1	1	5 »
Deslossez-Piccolini	Pommes d'amour (Les).	6	4	loc.
Cinob-Verdellet	Pompier d'Endoume (Le).	troupe	»	loc.
Gresset-Bernard-Letorey.	Pompier d'Ernestine (Le) d.	2	2	loc.
Autigeon-Dourel.	Poste restante 222 d.	4	3	loc.
F. Barbier.	Poupée automate (La).	1	1	5 »
Fay.	Pour qui le gosse?	2	3	loc.
A. Lambert.	Première brouille (La) comédie.	»	1	1 »
Couturet.	Premières amours d.	4	1	loc.
F. Barbier.	Premières armes de Parny (Les)	1	3	5 »
Moreau.	Professeur de chant (Le).	1	1	3 »
De Ste-Croix.	Pygmalion d.	1	2	4 »
Garnier-Héros.	Queue du Diable (La) d.	troupe	»	loc.
Delilia-Héros.	Qui va à la Chasse.	2	2	loc.
L. Collin.	Qui se dispute s'adore.	1	1	3 »
Ch. Lecocq	Rajah de Mysore d	troupe	»	8 »
Villebichot.	Réponse du Berger (La).	1	1	4 »
Moche.	Retour de Colombine (Le).	2	4	4 »
Jacoutot.	Retour de Kerdrec (Le).	2	1	4 »
Meugé.	Retour de Margotte (Le).	1	1	4 »
L. Collin.	Retour de Musette (Le).	1	1	»

AUTEURS	TITRES DES ŒUVRES	Hommes	Femmes	Prix nets
Antigeon-Dourel	Revanche de Verluisant (La) d	5	2	loc.
Aatigeon-Dourel-Rordel	Revenants (Les) d	3	3	loc
Luuillier	Risette	»	1	1 »
Ch. Thony	Robes et Manteaux d	5	9	loc.
F. Chaudoir	Roi Claquette (Le) d	3	3	6 »
Desormes	Roland furieux	3	1	5 »
L. Desormes	Romance impossible (La)	2	»	2 »
Busnaco	Rosière de Valentino (La) d	2	3	loc.
Michiels	Rosière d'Interlaken (La)	1	1	4 »
Ch. Gabet	Ruy Black (v) d	7	6	loc.
Claments	Saint-Yvon (La) d	2	1	5 »
Ch. Lecocq	Sauvons la caisse d	1	1	6 »
Matrat-Febvre-Bonnamy	Septième Escouade (La) d	8	7	loc.
R. Planquette	Serment de Mme Grégoire (Le)	1	1	8 »
Lebreton-Soudant	Serment du marin (Le) d	4	2	loc.
Lebreton-Moreau	Signe de Léda (Le) d	8	8	loc.
Ouvier	Simone et Boquillon	2	1	5 »
Lebreton-Duroc	Soir de Noce d	4	4	5 »
Mainait	Soirée bourgeoise	2	2	loc.
Laserre	Soirée d'amateurs ... pochade	5	»	1 »
Lebreton-Moreau	Soldat !	5	5	loc.
Bernard-Gresset	Souffleur par amour d	3	1	loc.
Meyan	Soupirs du cœur	3	2	5 »
Ch. Malo	Souviens-toi de Clémentine	2	1	4 »
Moreau-Darsay	Spiritisme des Familles	4	4	loc.
Jac-Coen	Suzette, Suzanne et Suzon	1	3	loc
Wachs	Tata chez Toto	2	»	4 »
Lemoereur et Primard	Témoin (Le)	3	1	loc.
Lambert-Lebreton	Terre-Neuve d	3	5	loc
Marc Sonal	Théophile	2	1	loc.
Chassaigne	Toc	2	2	loc.
Hervé	Toinette et son carabinier	2	1	5 »
Bessier-de Gorsse	Tonton d	3	3	6 »
Wachs	Totor et Titine	1	1	loc
Hubans	Tour de Moulinet (Le) d	2	1	8 »
Cartier	Train des Maris (Le)	2	2	4 »
Moreau-Duroc	Tranquil'hôtel	5	4	4 »
Moreau-Darsay	Trente mille francs par an	2	2	loc.
Lebreton-Moreau	Treize jours d'un Parisien (Les) d	troupe	»	loc.
id	Treizième spahis (Le) d	troupe	»	loc.
Ch. Gabet	Trésor des Dames d	2	1	loc.
Lebreton-Moreau	Trio de troupiers d	7	5	loc.
Lebreton Teramond	Trois Gosses (Les)	4	4	loc.
Lebreton-Moreau	Trois Maçons (Les) d	4	2	loc.
Lambert-Lebreton	Truc du Pharmacien (Le)	4	1	loc.
L. David	Tu l'as voulu d	3	1	6 »
Héros-Jost	Triganiedausles Ménages (La) d	troupe	»	loc.
Javelot	Un amour d'épicier	2	1	4 »
Cardet-Lannoy	Un bon ami	2	1	loc.
P. Henrion	Un charcutier dans les fers	1	1	4 »
Chassaigne	Un Coq en jupons	1	1	4 »
Banès	Un do malade	2	1	5 »
Wachs	Un domestique pour rire	1	1	4 »
Moreau-Gramet	Un dragon pour deux	3	2	1 »

AUTEURS	TITRES DES ŒUVRES	Hommes	Femmes	Prix nets
G. Laurens	Un futur sur le gril	2	1	4 »
Ch. Malo	Un gendre à poigne	2	2	5 »
Pericaud	Un hercule qui ne veut pas se rouiller	2	1	4 »
Cambillard	Un mariage à la force du poignet	1	1	3 »
Ch. Malo	Un mariage au flageolet	1	1	4 »
Dauphin	Un mariage en Chine d	4	»	6 »
F. Bernicat	Un mari à l'essai	1	1	4 »
Pericaud	Un mari en grande vitesse	3	1	4 »
L. Collin	Un mauvais conscrit	2	»	4 »
Chassaigne	Un 1er jour de ménage	1	1	4 »
F. Barbier	Un souper chez Mlle Contat	»	2	5 »
Bernicat	Une aventure de la Clairon	2	2	5 »
Lebreton-Blairat	Une Consultation d	»	4	3 loc
Garnier-Vallès	Une Corbeille de Noce	5	5	loc
T. André	Une drôle de Marquise	2	1	3 »
Claments	Une étoile d'antichambre d	2	1	5 »
Toubaud	Une femme du quart de monde	2	1	4 »
Villebichot	Une femme qui bégaie d	3	2	6 »
L. Roques	Une femme tombée du Ciel	1	1	5 »
Villebichot	Une fille à trucs	3	1	4 »
Liouville	Une fille en loterie	2	1	4 »
Touzé-Monjardin	Une intrigue chez les Mouchamiel	2	4	loc.
Desormes	Une lune de miel normande	1	1	4 »
L. Collin	Une mariée sans mari	1	1	4 »
Ed. Lhuillier	Une marine à la vapeur	1	1	3 »
Desormes	Une mauvaise connaissance	3	2	5 »
Moreau-Darsay	Une mauvaise nuit	2	2	loc.
Moreau-Dorfeuil	Une nuit de Paris d	troupe		loc.
Juhem	Une partie à Robinson	2	2	4 »
L. Martin	Une partie de pêche	5	4	loc.
Wachs	Une pleine eau à Chatou	2	1	4 »
Bernicat	Une poule mouillée	1	1	4 »
De Paniagua	Une sale Histoire d	2	2	loc.
Chassaigne	Une table de café	2	»	4 »
Robillard	Une tempête conjugale	1	1	4 »
Tiger-Aubrun	Urticaire (L')	4	1	loc.
R. Planquette	Valet de cœur (Le)	1	1	4 »
J. Walter	Végétariens (Les) d	7	2	loc.
Robillard	Vengeance de Ramolli (La)	2	1	4 »
L. Roques	Vénus infidèle (Retour de mari) d	1	2	4 »
Autigeon	Vie de garçon (La) d	6	6	loc.
Lebreton-Moreau	Vierges du coahut (Les) d	5	10	loc.
Desgranges	Vieux Sorcier (Le) d	3	2	loc
Burani-Planquette	Vingt-huit jours de Champignolette d	6	4	loc.
Vallès-Talber	Vingt-huit jours de Gorenflot (Les)	7	8	loc.
Ritcée-Bordeaux	Vive la Classe d	6	8	loc.
Normand-Vallès	Vive les Bleus	7	4	loc.
Lebreton-Moreau	Vocation d'Isoline (La)	1	2	5 »
Jacobi	Voilà l'plaisir, mesdames	1	1	4 »
Ch. Hubans	Voiture à vendre d	2	»	loc.
Lebreton-Moreau	Volontaire de 92 (Le) d	7	2	4 »
Jac-Coen	Volontaire et vivandière	1	1	4 »
P. Talber-Delattre	Volupté des dames (La)	4	3	loc.
Guy-Nory-Marius	Zidore d	6	7	loc.

Livrets d'opérettes et de vaudevilles, net : 1 franc.

POUR LES GRANDS OUVRAGES DU RÉPERTOIRE
CONSULTER LE CATALOGUE SPÉCIAL DES
OUVRAGES DE THÉATRE
QUI EST ENVOYÉ FRANCO SUR DEMANDE

MM. les Directeurs sont priés de s'adresser à l'Editeur pour le conducteur et les parties d'orchestre ainsi que pour le service des pièces nouvelles.

Des envois de livrets à choisir sont faits sur demande en port dû aller et retour.

Vannes. — Imp. Lafolye. — 4125-1901